AF311788

# CATALOGUE

## DES

# ESTAMPES

## ANCIENNES ET MODERNES

### DES ÉCOLES

## Allemande, Flamande, Italienne et Française

### DES XVIIᵉ ET XVIIIᵉ SIÈCLES

# ÉCOLE MODERNE

### Eaux-fortes rares d'Amateurs, Goya, etc.

# PORTRAITS

# ŒUVRE DE GRATELOUP

## COLLECTION BORDELAISE

### Cabinet de M. LE CAUCHOIS-FÉRAUD

DONT LA VENTE AURA LIEU

# HOTEL DES COMMISSAIRES-PRISEURS

## Rue Drouot, 5

SALLE N° 7, AU PREMIER ÉTAGE

## Les Jeudi 28 et Vendredi 29 Octobre 1869

A UNE HEURE PRÉCISE

Mᵉ **DELBERGUE-CORMONT**, Commissaire-Priseur,
rue de Provence, 8,
Assisté de M. **VIGNÈRES**, Marchand d'Estampes,
rue de la Monnaie, 13, à l'entresol,
CHEZ LESQUELS SE DISTRIBUE LE CATALOGUE.

## EXPOSITION PUBLIQUE

Le Mercredi 27 Octobre 1869, de une heure à quatre heures.

## PARIS — 1869

# AVIS AUX AMATEURS

LES CATALOGUES DES COLLECTIONS

## De M. LE CAUCHOIS-FÉRAUD

SE DISTRIBUENT :

Pour les **Tableaux** et **Objets d'art.** Chez M. DHIOS, rue
Le Peletier, 33;

— **Livres**........ Chez M. AUBRY, rue Séguier, 18;

— **Médailles**.... Chez MM. ROLLIN et FEUARDENT,
rue Vivienne, 12;

Dont les Ventes auront lieu à dater du 24 Octobre 1869

RENOU et MAULDE, imprimeurs de la Compagnie des Commissaires-Priseurs,
rue de Rivoli, 144.                    28222

# ORDRE DES VACATIONS

Première vacation........ N<sup>os</sup>  1 à 240
Deuxième vacation........  241 à 475

# CONDITIONS DE LA VENTE

L'ordre du Catalogue sera suivi.

Elle sera faite au comptant.

Les Acquéreurs paieront cinq pour cent en plus des enchères, applicables aux frais.

---

**M. VIGNÈRES, dirigeant la vente, se charge des Commissions.**

Nota. Toute commission sans prix fixé ou sans limite determinée sera regardée comme nulle.

M. Vignères se charge de faire marquer les prix aux Catalogues des ventes qu'il a faites. Les personnes qui le désirent peuvent s'adresser à lui *franco*.

Plusieurs Amateurs éloignés en ont reconnu l'utilité pour les guider dans leurs Achats sur les valeurs des Estampes.

Les Catalogues des Ventes à faire seront envoyés aux personnes qui en feront la demande *affranchie*.

Avis. — Nous prions MM. les Amateurs éloignés de ne pas attendre au dernier jour, pour que les lettres arrivent le matin de la vente ; ils comprendront que quelques lettres peuvent se lire, mais de 20 à 50 lettres, c'est difficile.

# COLLECTION

DE

# M. LE CAUCHOIS-FERAUD

Intendant général inspecteur

Président du Comité permanent d'Administration, Commandeur de la Légion d'honneur

et autres Ordres étrangers

---

## ESTAMPES ANCIENNES

### ÉCOLES ALLEMANDE, FLAMANDE, ETC.

1 **Aldegrever**. Histoire de Loth, de Suzanne, l'Enlèvement, etc. 12 p.

2 **Bartsch** (A.). Copies des pièces rares tirées du Peintre-graveur, anciennes ép. et modernes, pièces d'ap. Raphaël, Guerchin, etc. 31 p.

3 **Beham** (H. S.). L'Impossible. Très-belle ép.

4 — Cléopâtre, Lucrèce, Mascarons, Amours sur des chevaux marins, etc. 5 p.

5 **Cranach** (Lucas). La Pénitence de saint Chrysostome.

6 **Dietricy**. Le Charlatan (25), avant le n° 79. — Marchand de Lunettes. — Rémouleur. — Musiciens ambulants, et autres. 37 p. par et d'après.

7 **Dusart** (C.). Le Chirurgien. — Le Cordonnier renommé. — Le Violon assis. 3 p.

8 **Everdingen**. Paysages à l'eau-forte. 19 p.

9 **Leyde** (Lucas de). Adam et Eve. — Caïn tuant
Abel. — David. — Abraham renvoyant Agar.
— Esther devant Assuérus.—Baptême de Jésus.
— Les Évangélistes. — Les Enfants guerriers.
— Saint Jean et autres. 19 p.

10 **Manière noire.** Suzanne et les Vieillards.
— Sainte Cécile. — Vertumne et Pomone. 3 p.

11 **Meyer** (Melchior). Apollon écorchant Marsyas,
et la copie contrepartie. 2 p.

12 **Pencz** (G.). Jugement de Salomon. — Salomon
adorant les idoles. — Hérodiade. — La Femme
adultère. — Triomphe de l'Amour, etc. 7 p.

13 **Potter** (P.). Le Vacher, la planche réduite.

14 **Rembrandt.** Dessinant. — Jésus chassant les
vendeurs du temple, etc. 45 p. par et d'après.

15 **Rubens** (D'ap.). Sacrifice d'Abraham. — Suzanne.—Silène.—Ixion.—Bacchanales, etc. 9 p.

16 **Schmidt** (G.-F.). Son portrait, dessinant; belle
ép.

17 — Son portrait avec l'araignée. Sup. ép., marge.

18 — Rembrandt jeune avec hausse-col.—Plus âgé.
2 p. faisant pendant. Sup. ép. marge.

19 — La Mère de Rembrandt, tenant ses lunettes
sur un livre. Très-belle ép.

20 — Hirsch Michel. — Mère de Rembrandt les
mains jointes. 2 p. Très-belles ép.

21 — Le Philosophe ou Anchise dans sa grotte. —
Saint Pierre au désespoir. — Loth et ses filles.
3 p. avec marge. — Jésus ressuscitant la fille de
Jaïre. 4 p.

Drug 25   Lind 6.50   Herb. 4.
voir

Lind 2 50

Yorte 8   Lind   Groz 9
          voir

Groz 2

Sol 20   Michel 7.   Lind 1.50

Drug 15   Lind 1.50   Crozet 16
Drug 10   Lind 4 50

Lind 10

Lind 5.50

Lind 5.50

Lind 6 50

Lind 6 50

Lind 3

Crozer 8    Lind 1 50

Lind 1
Crozer 12    Lind 5 50    Druy 15

Michl 5

Dstepf 20

Crozer 5    Grosj. 3 50

Grosj. 2    Michl 12
Grosj. 1 50    Lind 2 25

22 — Vieillard de profil. — Militaire de face. — Vieillard presque de profil, dit Jacob. — Le prince de Gueldre, menaçant son père. 4 p. Belles ép.

23 — La Princesse d'Orange. — Cats expliquant l'histoire au prince d'Orange Guillaume II. 2 p. Belles ép., marge.

24 — Portrait d'un jeune seigneur. — Le Persan. 2 p. Très-belles ép., marge.

25 — Vieillard mettant la main à son bonnet. — Homme de face tête nue. 2 p. Belles ép.

26 — La jeune Fille au Mopse. Belle ép., marge.

27 — Le Père de la Fiancée réglant sa dot. — La Juive fiancée. Sup. ép. 2 p.

28 **Sherwin**. The Finding of Moses. Moïse sauvé. Grand in-fol.

29 **Solis** (Virgile). Les douze Mois. — La Prudence. 13 p.

30 **Storer** (J.-Ch.). Bacchanale au silène. Très-belle ép., eau-forte rare.

31 **Téniers** (D'ap.). Sujets flamands. 12 p.

32 **Ecole flamande**. Paysages à l'eau-forte. Both, Ruysdael et autres. 6 p.

33 — Bois de Goltzius. — Moreelse. 3 p.

34 — Sujets divers, religieux et autres. — Paysages. — Eaux-fortes, etc.

# ÉCOLE ITALIENNE

35 **Bartolozzi**. Beauty. — Venus chiding Cupid.
— Cupidon acheté trop cher, et autres. 6 p.

36 **Camayeux**, à plusieurs planches. — Hugo da
Carpi. — Coriolano. — Nicolas de Vicence et
autres, d'ap. Raphaël, etc. 12 p.

37 **Carrache** (Les). Saintes Familles. — Madeleine.
— Saint Jérôme. — L'Éventail, très-belle ép., et
autres par et d'ap. 25 p.

38 **Caraglio**. Les figures des Dieux debout dans
des niches. 13 p., grandes et petites.

39 **Dé** (Maître au). Enée. — Les Fleuves. — Pièces
de l'histoire de Psyché. 5 p.

40 **Eaux-fortes italiennes**. Cantarini. — Guide.
— Lana Loli. — Marate et autres. 25 p.

41 **Ecole de Marc-Antoine**. L'Empereur ren-
contrant le guerrier. — Camille. — Laocoon. —
Vénus piquée, etc., par Vénitien et M. de Ra-
venne. — Bonasone. 9 p.

42 **Ecole italienne**. Sujets bibliques et religieux.
16 p.

43 — Lafreri. — Monuments, — Sculptures etc.
15 p.

44 **Ecole italienne**. Sujets divers. 40 p.

45 — Sujets divers mythologiques, etc. 45 p.

46 **Ghisi** (Les). Horatius Coclès. — Sacrifice à
Jupiter. — Le Corps de Patrocle, etc. 5 p.

Michel 10

Doug 30   Medou 3.

Murthckemay 5

Lind 5   Groz 5.75

Lind 2

Grosj 15    Lind    2

Hedon 3

Grosj. 5    Michel 6    Hedon 3

47 **Michel-Ange** (d'ap.). Moïse. — Figures de la
chapelle Sixtine. — Phaéton, etc. 9 p.

48 MOLA. Le Saint-Esprit planant sur un nombre
immense de papes, cardinaux, évêques, etc.
Dessin au bistre.

49 **Parmesan** (d'ap.). Tombeau. — Mariage de
sainte Catherine, etc. 8 p.

50 **Penni** (d'ap. L.). Le Parnasse, copie d'ap. G.
Mantuan. Belle ép., par Osello.

51 **Raimondi** (Marc-Antoine). Alexandre faisant
serrer les œuvres d'Homère. — Jugement de
Pâris. — Mars et Vénus, et autres. 8 p.

52 **Raphaël** (d'ap.). Vierges et sujets divers.
26 p.

53 **Ribera**. Silène à la grosse tonne et Etude
d'ap. le saint Barthélemy. 2 p., par et d'ap.

54 **Rosa** (Salvator). Albert, ermite. — Le Génie de
Salvator. 2 p. imp. en rouge, marge.

55 **Teste** (P.). Son portrait. Sup. ép. — Abraham
et son fils. — Le Corps de Sinoris, apporté dans
son char. 3 p.

56 **Titien** (d'ap.). Paysages et Nicodème et Jésus.
d'ap. Tintoret. 3 p.

57 **Vico** (Enée). Tarquin et Lucrèce, premier état
avec les chiens, rare. — La vieille Fileuse,
très-rare. — Les deux Statues (**B. 42**). 3 p. Très-
belles ép.

# ÉCOLE FRANÇAISE

XVII<sup>e</sup> ET XVIII<sup>e</sup> SIÈCLES

58 **Agincourt** (Seroux d'). Portraits de Bernis et autres, charges, ornements. 7 p.

59 **Amateurs.** Bechon de Rochebrune. — Paysage. — Comte de Bizemont. 17 p. — Bouchier. 5 p. — Comte de Breteuil, 2 p. — Combats de cavalerie. — Marquis de Caumont, cavalier, d'ap. Parrocel. — Duc de Chevreuse, tête d'ap. Boucher. — Dazaincourt. — Bacchanale. — Focus, Paysages. 4 p. — Comte de Forbin, 1721. Paysage. 4 p. — Foulquier, Charge, etc. 2 p. — Madame de Guillonville. — Houbigant. 9 p. — M<sup>lle</sup> Maria Hovy. — Baron de Joursanvault. — Cérès cherchant Proserpine, entouré de nombreux croquis à l'eauforte ; rare. — Lempereur. 2 p. — M<sup>me</sup> Le Daulceur. — Lepagelet. 10 p. — Chev. de Lorimier. — Lusigny. — Mercey. 6 p. — D'Orschviller, un dessin et deux eaux-fortes. — Raillart. — Saint-Morys. 4 p. fac-simile. — Vieilh de Varenne. 10 p. En tout 89 p., pourra être divisé.

60 **Audran** (Gérard). Le Gaillard boiteux. — Les Panneaux ovales, d'ap. Dominiquin. — Achille reconnu, et autres. 14 p.

61 **Audran** (Benoist). David et Goliath. — La Jurisprudence. — La Poésie. — Frère Blaise, feuillant, et autres. 15 p.

Herluis 10.

_B._ 10 Material

Grosj. 2 75 Michel 15

Grosj. 2 Dienery Michel 10

Grosjean 15

Grosjean 10

Grosj. 3 75 Du Chanoy 25 Barbier 25

62 — Les Amours pastorales de Daphnis et Chloë.
de Longus. — suite de Vignettes du Régent. 29 p.
1745, avec les petits pieds. Très-bel exemplaire,
toute marge.

63 **Barrière** (Dom.). Casimir IV à cheval. — Paysages d'ap. Claude. — Fontaines de Tivoli, etc. 7 p.

64 **Barthe** (J. de La). La Madeleine avant la lettre,
et autres, en premières ép. 12 p.

65 **Baudouin** (d'ap.). Le Coucher de la Mariée, par
Moreau le jeune et Simonet. Belle ép.

66 — Le Carquois épuisé, par N. de Launay. Charmante composition. Belle ép.

67 **Beatricet.** Jean Valverdus. — Joseph expliquant les songes. — Phaéton. — Iphigénie. —
Laocoon, etc. 13 p.

68 **Bellange**, 1594. Décollation de saint Jean-
Baptiste. — Melchior, roi de Nubie. — Diane et
Orion. — Une Jardinière. 8 p., par et d'ap.

69 **Benard** (d'ap.). Le petit Palet. — La Danse.
2 p. en pendant, jolies compositions villa-
geoises.

70 **Bergeret** (d'ap.). Suite de douze Vignettes
pour la Fontaine. Grand in-8, avec la lettre,
avant la lettre, et des eaux-fortes; il y a des sujets
avec quatre et cinq états différents. 34 p. — La
petite suite in-24, de six sujets sur la même
feuille, avant la lettre et eau-forte pure.

71 **Betou** (Alex). L'Assemblée des Dieux. — La
Discorde. — Junon. — Pendentifs de la salle de
bal, à Fontainebleau. 3 p.

**72 Bois anciens.** Sainte Ursule et autres sujets, fac-simile, etc. 89 p.

**73 Boissard** (Robert). Concordia. — Famille à table, disant le *Benedicite*. Belle ép., marge.

**74 Boissieu.** Les Pères du Désert. — Les petits Maçons. — L'Oratoire. — Les Tonneliers. — L'Écrivain public. — Le Maître d'école. — Saint Andéole. — Vue du Champ-Vert et autres. 48 p., anciennes et modernes.

**75 Boivin** (René). Les Parques. — Léda. — Danse des Nymphes. — Plafond. — L'Ignorance vaincue, etc. 8 p.

**76 Bonnet.** Bastienne. — Le Jeu de dames. — La petite École. — Les Amusements de la campagne. — Enfant qui pleure. — Enfants en méditation. 9. p., sanguine.

**77 Besse** (Abraham). Départ et retour de l'Enfant prodigue. — L'Automne. — Les Vertus cardinales, 9 Sup. ép., en tout 12 p.

**78** — Costumes. — La Noblesse. — L'Eau. — L'Aveugle. Pièces tirées de l'art de graver. — Les Amours pour frontons, etc. 23 p.

**79 Boucher** (F.). Les Enfants buvant le lait. — Études d'ap. Blœmaert. — La petite Reposée, etc. 15 p.

**80** — (D'ap.). Les Grâces naturelles. — Le petit Ménage. — Pastorales sanguine, etc. 9 p.

**81 Boulogne** le père (Louis de). La Vierge à la colonne. — Martyre de saint Pierre. — Autre Martyre, etc.

Herkules 7.    Querys 8.
                        0—10.

Jung 50    Grosj 5


Michel 20

Grosj. 7

Michel 11

Grosj 9

Grosj 18     Michel 25     Ditsch. 40
Grosj 1 25
Grosj 30.75                 Vidal 25

82 **Bourdon** (Séb.). Vierges. — Saintes Familles.
— Fuite et repos en Égypte. — Baptême de l'Eunuque. — Les Pauvres, etc. 23 p., par et d'ap.

83 **Brebiette**. La Bohémienne. — La Famille de
Niobé. — Sainte Famille, d'ap. André del Sarte.
— Sujets mythologiques. — Frises, Bacchanales,
etc. 50 p. à l'eau-forte.

84 **Brichet**, 1784. La Marquise du Plomb. — L'U-
surier. — Ah! qu'elle est gentille. — Le Peintre.
— Jeanot. — Le Voyageur. — l'Important. — Le
Chevalier du Vent. — Le Spéculateur. — Le
Nécessiteux. — Le Gagier. — L'Inexorable. —
Gertrude. — Le Mélancolique, etc. 19 p.,
charges.

85 **Callot**. Nouveau Testament. 11 p., avec le titre.
Les seize petits ovales sur quatre feuilles. — Vie
de l'Enfant prodigue. 11 p., avec titre et une ép.
avant le n° 3. 39 p. Très-belles ép.

86 — Histoire de Marie de Médicis. 15 p. Belles.

87 — Combats maritimes (550 à 553). 4 p.

88 — Misères de la guerre. — Mendiants. — Saint
Mansuet. — Saint Nicolas. — Tentation de saint
Antoine. — La Carrière et Parterre de Nancy.
— La Chasse. — Foire de Florence. — Bo-
hémiens. — Martyres des Apôtres. — Les Pan-
talons. — Fantaisies. — Tour de Nesle et du
Louvre. — Marché d'Esclaves, etc. 206 p. par
et d'ap.

89 **Caraffe**. Le Renard, ou le Criminel vis-à-vis de
lui même. Seule pièce gravée par ce maître
(Baudicourt). Très-rare.

90 **Casanova.** Le Tambour russe. — Le Drapeau.
— L'Ane et le Drapeau. 3 p. rares.

91 **Caylus** (comte de). Le Naufrage de Watteau.
— Fac-simile, d'après les maîtres, etc. 13 p.

92 **Challe.** Nymphe sortant de l'eau, pièce ovale,
1744 (Baudicourt 1).

93 **Chedel.** Vue des ouvrages du pont d'Orléans
et autres, d'ap. Boucher, etc. 12 p.

94 **Choffard**, 1755. Vue du port de Bordeaux et
Cartouche pour la loge de l'Amitié, avec les
noms des officiers. 2 p.

95 **Cochin** (N.). Noces de Cana, d'ap. P. Véronèse.
Petit in-fol. Sup. ép,, grande marge.

96 **Cochin** (C. N.). Laban cherchant ses idoles.
— Conseil du Roi. — Entrée d'Alexandre. —
Fac-simile, d ap. Raphaël. 4 p. à la sanguine,
pour Télémaque, vignettes, etc. 33 p.

97 **Collignon** (F.), de Nancy. — Empereur sur
son trône entouré de sa cour, à droite des gens
boivent, à gauche des prisonniers, toute marge
et 3 paysages. 4 p.

98 **Constantin.** Le canal d'Istre (Baudicourt 1),
avant le nom, extrêmement rare. Grande et sup.
p. en hauteur, d'une pointe ferme et savante.

99 **Copia.** Vengeance de Cérès, avant la lettre. —
L'Amour à la raison et pendant. 3 p. d'après
Prudhon. — Julie. — Le premier baiser de l'A-
mour.—Les Enfants Potocki.—Sapho, etc. 7 p.

100 **Courtois** (J.) dit le Bourguignon. — Les Morts
relevés. — Choc de Cavalerie. — Combats. —
Batailles. — Prise de Villes, etc. 8 p.

Michel 5

Varin        Herlin 3.

Michel 9

Michel 5    Garin 3

Grosj. 6 75

Lais. 6 50    Garin 4.    C. André 12

Michel 15    Grosj. 2.25

Michel 5

Grosj 3


Grosj 3


Grosj 13   Liusing 25   Hedou. 15


Grosj 8


B. 5      Michel 25   Hedou. 6
angouleme

101 **Courtois** (Guillaume). La Peste ou l'Enseve-
lissement des Morts (R. D. 1.). Très-rare.

102 **Coypel** (Antoine), Judith. — Démocrite. 2 p.

103 **Coypel** (Ch.-Antoine). La Diseuse de bonne
aventure (R. D. 21), état non décrit. Très-rare.

104 **Coypel** (d'ap. Ch.). La Jeunesse sous les ha-
billements de la décrépitude, par M^me Lépicié.

105 **Crespy** (Chez). Assemblée de vieilles filles,
d'ap. Boitard. Pièce drolatique.
— Le Père. Assemblée des Sorciers, qu'on
appelle Sabbat.

106 **Damery**. Vases antiques, de formes riches. 9 p.
rares.

107 **Dassonneville**. Son OEuvre de sujets villa-
geois. — Intérieurs de Buveurs, etc. 40 p., dont
plusieurs non décrites par Robert Duménil.

108 **Daullé**. Clio. — Groupes d'Amours, d'après
Boucher. — La Ribotteuse et la Peleuse de
pommes, avant la lettre. — La belle Grecque
sortant du bain, etc. 11 p.

109 **Daven** (Léon). Alexandre et Bucéphale. — Po-
lymnie. — Hercule et Omphale. 3 p.

110 **Debucourt**. Promenade au bois de Vincennes.
Scène d'hiver. — La Duchesse d'Angoulême
consolant un Aveugle. 6 p., dont 4 en couleur.

111 **De la Rue**. Sujets militaires. — Combats de
Cavalerie. 25 p., à l'eau-forte.

112 **De Launay**. Anacréon. —Silène. —Abus de la
Crédulité. — Bonheur du Ménage. — Ruines
romaines, etc. 11 p.

113 **Demarne**. Groupes d'Animaux. — Scènes vil-
lageoises. — Paysages, 38 p. à l'eau-forte et 6
lithog., en tout 44 p.

114 **Demarteau**. Les trois Bacchantes ivres. —Ly-
curgue blessé. — Têtes et sujets, d'ap. Boucher.
— Animaux, d'ap. Huet, etc. 15 p. sanguine.

115 **Demarteau** le jeune. Le Plaisir des Amours.
— Le Mouton chéri. — Pastorales. — Tête. 4
jolies p. en couleur.

116 **Denon**. — Les Lions de Quadal. — Chasse au
Sanglier. — Têtes d'Orientaux et autres. 60 p. à
l'eau-forte, 2 lots.

117 **Deruet** de Nancy. La Carrière cu rue Neuve.
— La Prédication de saint Jean, de Spierre. 2 p.

118 **Desnoyers**. La Vierge dite la belle Jardinière.
d'ap. Raphaël. Ancienne et très-belle ép.

119 **Desprès**. Tombeaux égyptiens. 4 p., en manière noire, rares.

120 **Dorigny** (Michel). Martyre de saint Eustache,
— Groupe d'Enfants. — Bacchanale. — Diane.
Vénus et Adonis, et autres sujets mythologi-
ques, d'ap, Vouet. 21 p.

121 **Dorigny** (Nicolas). Saint Pierre et saint Jean
guérissant à la porte du Temple. — Sainte Catherine couronnée. 2 p. Très-belles.

122 **Dughet** dit Guaspre Poussin. — Paysages à
l'eau-forte (R. D. 6 et 7). 2 p. en premier
état.

Linig 20

Grosj. 3
Lind 16

Bug 36

Grosja is    Dieury   Michel 25   Hedou 5

123 **Dunouy**. Son Œuvre.—Paysages à l'eau-forte.
16 p.

124 **Duvivier**. Cuisine flamande. Jolie eau-forte
rare.

125 **Dyck** (Daniel Vanden). Vierge et Jésus (R. D. 2),
rare.

126 **Ecole de Fontainebleau**. Naissance de la
Vierge. — Mars et Vénus en rond. —Les Forges
de Vulcain. — Jeune Homme buvant à un vase
que lui présente une femme. — Marche d'un
bagage d'armée. — L'Envie. — Le Char de
Diane. — Alexandre et Talestris. — Assemblée
d'Hommes et Femmes. — La Gloire. — Hercule.
— Triomphe d'Amphitrite. — Mars et Vénus,
par Caraglio, d'ap. Maître Roux. — Le Satyre et
la Nymphe. — Plafond en hauteur et en travers,
etc. 28 p., pourra être divisé.

127 **Ferdinand** (L.). Les Vertus innocentes. —
Groupes, Frises et Jeux d'enfants, d'ap. Tetelin.
13 p.

128 **Flamen** (Albert). Figures de Poissons de mer
et d'eau douce, etc. 60 p. à l'eau-forte.

129 **Fragonard** (H.). 1778. L'Armoire, grande et
belle eau-forte originale, pièce capitale du maître.
Belle ép., marge.

130 — Bas-Reliefs. — Les Familles de Satyres. — Le
Parc, deux différents, et autres eaux-fortes, d'ap.
les maîtres, à Venise, etc. 10 p.

131 **Francisque Millet** (d'ap.). Paysages, par
Chiboust et Théodore. 13 p.

132 **François** (J. C.) de Nancy. L'Orgue de Luné-
ville, et fac-simile à la sanguine, d'ap. Boucher,
Drouais, Eisen, Parrocel, etc. 12 p.

133 **Gamelin** (Jacques). Batailles et Choc de cavalerie. Sup. ép., grande marge. 8 p.

**Gamelin** fils. Tête de cheval, d'ap. son père,
et Bataille par Lavallée. 2 p.

134 **Garnier** (Ant.). Adoration des Bergers. — Les
Docteurs de l'Église. — Sainte Magdeleine. —
Mariage de sainte Catherine. — Saints. — Danaé.
— La Charité, etc. 15 p., plusieurs superbes.

135 **Gaucher**. Couronnement de Voltaire, sur le
Théâtre Français, d'ap. Moreau. Très-belle ép.,
adresse chez l'auteur.

136 **Gaultier** (Léonard). Titres. Sujets religieux.
— La Passion. — Le Nouveau Testament, etc.
62 p.

137 **Gillot**. Fables de La Motte. — Costumes de
Théâtre. — Fêtes de Bacchus. — Diane. — Faune.
— Pan, etc. 34 p.

138 **Gois**. Arrêt rendu par Cambyse. Grande pièce
à l'eau-forte, d'ap. son tableau de 1779 (Baudicourt 8), de la plus grande rareté.

139 **Goya** (J.-F.). Son Portrait mort, lithog. sur
chine. — Scène de Mœurs. — Embuscade de
Brigands à l'eau-forte. 3 p.

140 — Esope, d'ap. Velasquez. Ancienne et très-
belle ép.

141 — Mœnippe et Esope. 2 p., anciennes ép.

Grosj. 6

Ditch. 6

Herbin 4,

Varlo 5

Garcin 6

Ditch. 7   Laport 8   Grosj 2

Croyer 8    Grosj 2

Lapert 32    Drug 10


Lapert. 35


Lapert 8    Sol 20


Herlais 5


Michel 4    Michel 6


Garcin 2 –

142 — Isabelle de Bourbon. Portrait équestre d'après Velasquez, ancienne ép., marge.

143 — Philippe III. — Marguerite d'Autriche. — Philippe IV. — Isabelle de Bourbon. —Balthasar Carlos. — Comte d'Olivares. 6 p. équestres d'ap. Velasquez, marge.

144 — La Tauromaquia, ou diverses scènes des combats de Taureaux. 33 p. à l'eau-forte, très-belles ép. rares.

145 — Scènes de combats de Taureaux, lithog. in-fol. 4 p. rares.

146 **Greuze** (d'ap.). Le Père aveugle, par Cars, belle ép. marge.

147 **Gribelin** fils (Simon). Esther devant Assuérus. Adoration des Bergers. 2 p. rares, superbes ép. toute marge.

148 **Gueroult-Dupas**. Marines. 10 p.

149 **Halle** (Noël). Antiochus renversé de son char, 2ᵉ état très-rare et 3ᵉ état. 2 p. (Baudicourt 1.)

150 **Helman**, 1777. Le Charlatan allemand. Très-belle ép., toute marge, avant la dédicace.

151 **Huquier** Groupes d'Enfants, d'ap. Boucher. — Les Enfants pêcheurs.—Chasseurs, et autres. 7 p.

152 **Hutin** (Charles). Saintes Familles. — Sujets religieux. —Lucrèce. —Tombeaux. — Fontaine, etc. 12 p.

**Hutin** (François). Pan et Syrinx, etc. 3 p.

**Hutin** (J.-B.). Adoration des Mages, sup.

153 **Janinet**. L'agréable Négligé, d'ap Baudoin, en couleur.

154 — La Bergère couronnée. Ruines d'Athènes, etc. 7 p., couleur et sanguine.

155 **Jeaurat** (d'ap.). Transport des filles de joie. Le Carnaval des rues de Paris. 2 p.

156 **Lacour** (P.). Arrivée du comte d'Estaing au port de Brest. Belle eau-forte, grand in-fol.

157 **Lafage** (Raymond). Son portrait entouré de figures allégoriques, par Coelmans. — Petites Saintes Familles. — Pan au milieu de Nymphes qui dansent. — Bain de Nymphes et Satyres, eaux-fortes originales. 4 p.

158 — Sujets religieux. — Le Déluge. — Chute des Anges, etc. — Frises. — Bacchanales, par G. Audran, Erlinger, Simonneau, etc. 52 p.

159 **Lagrenée**. Les Enfants et la Chèvre, Anacréon et autres. 4 p.

160 **La Hyre** (L.). Conversion de saint Paul, état intermédiaire entre le deuxième et le troisième. — Sainte Famille, premier état. — Repos en Égypte. — Saint Sébastien. — Saint Jean et autres. 16 p. en très-belles ép.

161 **La Live de July,** amateur. — Les Fermiers brûlés, d'ap. Greuze. Très-belle ép. d'une pièce capitale et rare.

162 — Louis-Denis de La Live de Bellegarde. — Madame Favart, rôle de Nina. — Paysage. 3 p.

163 **Lancret** (d'ap.). L'Enfance, par de Larmessin.

Michel 6    Grosj 1 50

Grosj 1 25

Olis.  X    Michel 6
B.

Herluis 5    Grosj 6

Michel 5

Michel 5

Michel 10

Graß 3   Herluin 3

Dieusy   Michel 5

Groß 7

Graß 25 50

Graß 2

Dieusy 20   Ducheny 4

164 **Lasne** (Michel). Sujets religieux. — Les Évangélistes. — Vierges. — Saintes. — Costumes, etc. 35 p., plusieurs très-belles.

165 **Lavreince** (d'ap.). La Consolation de l'absence, par de Launay. Belle ép.

166 **Le Bas**. La Marchande de beignets. — Mangeurs d'huîtres et pendant, d'ap. Bénard, d'ap. Boucher, d'ap. Rembrandt. -- La sainte Famille et autres, d'après Rubens, Téniers, le Siffleur de Linotte et autres, d'ap. Wouvermans, et autres. 32 p.

167 **Le Brun** (C.). Vesper. — Martyre de saint Étienne. — Réduction de la ville de Marsal. — Défaite des Espagnols près Bruges, etc. 6 p.

168 **Leclere** (Séb.). Apothéose d'Isis, deux états différents. — Les petites Conquestes. — Démolition du Temple de Charenton. — Plan de Metz assiégé par Charles V. — Puer parvulus. — Paysages. — Vues, etc. 80 p.

169 **Leclere**, 1763. Satyres et Bacchantes. Belle eau-forte rare. Très-belle ép. toute marge.

170 **Le Maître** (J.). Le Vrai Portrait de la Maison carrée de Nîmes, rare.
**Lemercier** (J.). Coupe et Élévation de l'Église Saint-Jean, rare.
**Lemercier** (A.). Saint Jean dans le Désert, rare.
**Lemercier**. Paysage à l'eau-forte, rare.

171 **Le Mire**. Les Grâces. — Le Gâteau des Rois. — Alexandre. — Vignette pour Rousseau. — Le Singe et le Léopard. 8 p.

172 **Le Prince**. Le Médecin. — La Musicienne. — Le Coche d'eau, avant et avec la lettre. — Le Cabaret ambulant. — Nymphe et Satyre gardant des troupeaux. — La Rose choisie. — Le Berceau russe. — Paysages. 15 p., par et d'ap.

173 **Leroux** (L.). Enlèvement de Proserpine. — Le Bain de Diane, premier état. 2 p., à l'eau-forte.

174 **Lerpinière**. Portraits of Dogs, d'ap. Fyt. Grand in-fol.

175 **Léveillé** (Pierre), d'Orléans. Grand Rinceau d'ornements, en deux feuilles jointes.

176 **Loir** (Alexis). Vierges. — Le Corps du Christ, déposé au pied de la Croix. — Orfèvrerie, vase, ornements. 7 p.

177 **Loir** (Nicolas). Cléobis et Biton, avant et avec le nom de Mariette. — Saintes Familles. — Sujets de la mythologie, etc. 23 p.

178 **Lorrain** (Gellée dit Claude) La Fuite en Égypte (R. D. 1). — Le Passage du Gué (3). — Le Bouvier (8). — Scènes de Brigands (12). — Port de Mer à la grosse Tour (13). — Le Pont de Bois (14). — Le Chevrier (19). — Le Temps, Apollon et les Saisons (20). — Berger et Bergère conversant (21) et autres.

179 — L'Apparition (3). — La Tempête (5). — La Danse au bord de l'Eau (6). 3 p., papier vergé.

180 — Le Naufrage (7). — Mercure et Argus (27). — 2 p., papier vergé et toute marge.

181 — Le Dessinateur (9). — L'Enlèvement d'Europe (22), avec marge. — Campo Vaccino (23). — Le Pâtre et la Bergère (25). 4 p., papier vergé.

Michel   20

Herbin   3

Lund 13   Grosj 25



Lund 4    Grosj 8
Lund 2 50  Grosj 4
Lund 4    Grosj 10

Grosj. 3 ~~Gronin~~

Garin 2
Michel 9    Michel 25

Lapart. CC.

B. 20

**182 Loutherbourg**. Les Joueurs de tric-trac ou le Café Procope, 1763, rare. — La Bonne petite Sœur. — La Tranquillité champêtre. 2 p. Sup. ép., toute marge. — La Danse des chiens et autres. 13 p.

**183 Lucien**. Sainte Cécile. — Le Lever de l'Aurore, etc. 3 p., dont deux sanguine.

**184 Manglard**, 1753. Marines. 2 p. anciennes et belles.

**185 Massard** (Louis). Marie Antoinette recevant les conseils de sa mère. — Louis XVI recevant les conseils d'Henri IV. 2 sup. pièces avant la lettre, toute marge.

**186 Massé**. Paysages. — Fuites en Égypte. 4 p.

**187 Mauperché**. Paysages avec sujets bibliques et autres. 17 p., plusieurs belles ép.

**188 Mellan** (Claude). Sujets bibliques 9. — Saints et Saintes. — Vie de saint Bruno. etc. 24. — Vierges. — Saintes Familles. — Sujets religieux, 20. — Sujets mythologiques, divers, Statues. 34 p. en tout. 87 p.

**189 Moitte** (d'ap.). Bas-Reliefs de l'arc de Triomphe du Champ-de-Mars et autre. 4 p.

**190 Montaigne** (Michel). Paysages ronds et carrés. 15 p.

**191 Moreau** le jeune. Réception de Mirabeau aux champs Élysées. — Henri IV chez le Meunier, et autres. 6 p., par et d'ap.

**192 Moret**, 1789. L'Agriculture considérée, d'ap. Sergent. — Jolie p. en couleur.

193 **Morin**. La Chasse au canard. — Les Moissonneurs, et autres Paysages. 8 p. Belles ép.

194 **Nardois** (Goliath). Paysage non décrit. Très-rare.

195 **Norblin** de la Gourdaine. Son OEuvre à l'eau-forte. 92 p., plus 26 doubles.

196 **Parizeau**. Petites Bacchanales pour Bijoux. — Figures drapées. — Groupes d'Enfants, d'ap. de la Rue. — Frises et autres. 38 p.

197 **Parrocel** (Charles). Cavaliers. — Timbaliers, etc. Eaux-fortes originales et autres d'après lui pour la connaissance du cheval. — Halte des gardes suisses, par Le Bas. Sup. ép., etc. 34 p., par et d'ap.

198 **Parrocel** (Joseph). Sujets de la Vie de Jésus. 4 p. dont deux en premier état.

199 **Paroy** (Comte de). Portraits de M$^{me}$ Lebrun, d'ap. elle-même. Ovale in-8. Très-rare.

200 — M$^{lle}$ Lebrun se regardant dans une glace. Ovale in-8, en bistre.

201 — Dessus de Guéridon rond, contenant les Fables de La Fontaine, 1789. In-fol. rare.

202 **Pater** (d'ap.). On coupe le chapeau de Ragottin. Superbe ép. avant la lettre, marge.

203 **Perelle**. Paysages ronds et carrés. 109 p.

204 **Perrier**. La Pythonisse. — Evêque offrant son cœur à Jésus. 2 p.

205 **Peyron**. La Mort de Sénèque. — Socrate et Alcibiade, etc. 3 p.

Michel 4

Michel 9   Duchenay 4

Groj. 6

Du cheray 10

Michel 10

Michel 15

Givolet,     Herluis 3

Laport. 6

206 **Picart** (B.). Allégorie sur la Banque de Law.
1720.

207 **Pierre**. La Courtisane amoureuse. — Le Faucon.
Groupe à la Tête de bœuf. — Mendiants. — Le
Dessinateur. — Char de la Mascarade chinoise
à Rome, 1735 etc. 8 p.

208 **Pillement** (d'ap.). Recueil de Fleurs chinoises
et de Fantaisies. — Les Sens. 18 p., par Canot et
autres.

209 — Paysages. — L'Été. — L'Hiver. — Retour de la
Pêche. — Le Port aux Barques. — L'Entrée et la
Sortie du bois. Sup. ép. et autres et cinq par
son fils, en tout. 32 p.

210 **Prudhon** (d'ap.). La Raison parle et le Plaisir
entraîne, et pendant. 2 p., par Roger.

211 **Queverdo** (d'ap.). Le Coucher et le Lever de la
Mariée. — Les Baigneuses champêtres. 3 p.

212 **Regnault**. La Fidélité. — Dors, dors… 2 p.

213 **Regnesson**. Le Barbon. — Sanctus Fiatricis.
2 p.

214 **Restout** (J.B.). La France sauvée. Allégorie
pour l'avènement de Louis XVI. Eau-forte.

215 **Rivalz** (Antoine). Allégorie à la mémoire du
Poussin et autres. 7 p.

216 **Robert** (Hubert). Petits Paysages en hauteur.
Les Soirées de Rome. 8 p.

217 **Sablet**. Figures italiennes. 4 p. — Le Marchand
de friture. — L'Enterrement. 2 p. par Ducros,
d'ap. Sablet. 6 p.

218 **Saint Aubin** (Gabriel de). Le Charlatan (B. 15), premier état, marge.

219 **Saint Aubin** (Augustin de). Le Réfractaire. — Soyez discret. — Comptez sur mes Serments. — Inauguration de la place Louis XV et autres. 7 p.

220 **Saint Maurice**. Intérieur de Paysans, d'ap. Bourdon. — Le Vieillard jouant de la flûte, d'ap. Lenain. 2 p. Belles.

221 **Sarrabat**. Fête bachique, d'ap. Gillot. — Le Château de Cartes. — L'Hippocrate de Village. — Le *Benedicite*. — Sainte Cécile. 5 p.

222 — Bossuet. — Boudan. — Choiseul. — Coypel. 5 portraits en manière noire.

223 **Silvestre** (Israël). Vues de Paris, France et Italie. — Paysages par Louis et François, en tout. 58 p.

224 **Stephanus**. Histoire de l'ancien Testament. Les Mois. — Chasses. — Combats. — Frises. — Emblèmes moraux, suite complète, réduction d'ap. Marc Antoine. — Sujets ovales, tirés du Paganisme, etc., etc. 70 p.

225 **Subleyras**. La Madeleine essuyant les pieds de Jésus avec ses cheveux. Sup. ép. marge, premier état, et avec la note au bas à gauche, deuxième état. 2 p.

226 **Surugue**. La Folie pare la Décrépitude des ajustements de la Jeunesse. Sup. ép. avant toute lettre, marge.

Sel 15    Michel 6    Gounod 19

Herluin 3    Grosjean 6.

Herluin 7 50

Hédou 5    Léis. 6 50

Michel 12    Grosj 2 75

Grog 3 50 Michel 8

Grosf.. 6. Dieury Milty. 18

Grosf. 5 Drug 7 50

Hedou. 5

Clus

227 **Surugue** (L.). La Musique. — La Poésie, d'ap. Mignard. 2 p.

228 **Taraval**. L'Origine de la Peinture (Baudicourt, n° unique). Très-petite eau-forte de la plus grande rareté, marge.

229 **Vanloo** (d'ap.). Le Coucher, par Porporati. — Copie au quart, par I...; la Femme n'a pas de bonnet, pièce à la sanguine; attribué à Isabey. 2 p.

230 **Watteau**. L'Homme accoudé. — Le Promeneur. — L'Homme appuyé. — Le Promeneur regardant au fond. — La Femme vue de dos. — La Femme assise. 6 p.

231 — Ces Habits sont italiens, copie. — Fêtes vénitiennes, copie. — Le Bosquet de Bacchus et autres, par Cochin et autres. 10 p.

232 — La belle Grecque. — Le Turc amoureux. 2 p., par Schmidt. Très-belles ép., toute marge.

233 — Antoine de Laroque, par Lépicié. Très-belle ép.

234 **Watelet**. Diane. — La Mère, d'ap. Greuze. — Nymphe dansant, d'ap. Poussin. — Paysages, d'ap. Rembrandt, etc. 10 p.

235 **Verdier**. Le Parnasse, pièce non décrite par R. D.

236 **Vernet** (Joseph). La Plage à la grosse Tour (B. 1). — Le Retour de la pêche (B. 2). Deux eaux-fortes originales. — La Pêche du soir, lithog.

237 **Vernet** (d'ap. Joseph). Ses Portraits par Nicolet, d'ap. Cochin. — Dup. Bertaux. — En pied, par Langlois. — Maurin, lithog. 4 p.

238 — Le Calme. — La Tempête, par Balechou et autres marines. 13 p.

239 — Les grands Ports de France, par Cochin et Lebas. 13 p., grand in-folio, marge.

240 **Vien** (J. M.). Frises des Travaux de la Vendange. — Offrande. — La Cueillette. — Retour. — La Cuve. — Le Pressoir. — Hercule délivre Déjanire en tuant Nessus. 6 p.

241 **Vignon** (Claude). Miracula Domini nostri Jesv Christi. 13 p. Prédication de saint Jean.—Martyre de saint Laurent. — Baptême de l'Eunuque, etc. 19 p. Très-belles.

242 **Vivares**. Paysages, d'ap. Claude Lorrain et autres. — Le Chat dormant. 6 p.

243 **Woeriot** (P.). Statues antiques de Rome. 5 p. — Phalaris. — La Femme d'Asdrubal. 7 p.

244 **Vouet**. Sainte Famille, eau-forte originale et copie. — Autre par Lesueur, et autres pièces d'ap. Vouet. 8 p.

245 **Vuibert** (Remy). Présentation au Temple. — Saint Paul à Éphèse. — Apollon et Marsyas. — Martyre de saint André. 4 p.

246 **Ecole Française**. Sujets divers. 85 p.

247 — Sujets Divers, eaux-fortes. 46 p.

248 **Ecole Française**, XVIIIᵉ siècle. Sujets gracieux en couleur et autres. — Vignettes, etc. 50 p.

Class——— Michel 4.

Class———

Class   Gasin 16
         si bon etc

Gros 1 50

Gros 4 50

Gros 8
Gros 4.
Gros 8

Herbin 3 50

Lind 11,50

Groj. 6 Lind 7 50
Groj 4

249 **Pièces historiques**. Sur la Révolution, etc. 15 p.

250 Animaux, diverses écoles. 95 p.

251 **Sujets** religieux. — Histoire de Jésus, etc. 58 p.

252 — De Vierges. — Saintes Familles, etc. 20 p.

253 — Portraits de Saints et Saintes, 36 p.

254 Paysages et Vues, diverses Écoles. 110 p.

255 Paysages à l'eau-forte diverses Écoles. 100 p.

256 Paysages diverses Écoles, remargés, collés en plein, venant de la collection de La Jarriette. 47 p.

---

# ÉCOLE MODERNE

### EAUX-FORTES ET LITHOGRAPHIES

257 **Aquafortistes** (Société des), de 1864 à 1866. 90 p. en feuilles, par les artistes modernes.

258 **Artiste**. Choix de pièces à l'eau-forte. 110 p.

259 — Choix de pièces gravées au burin, etc. 104 pièces.

260 — Choix de pièces lithog. 76 p.

261 **Bellangé**. Eh bien oui! charbonnier est maître chez lui. — Sujets militaires, etc. 11 p. lithog., par et d'ap.

262 **Bléry** (Eug.). Souvenirs de Voyages en Dauphiné Auvergne, etc. 23 p. lithog., sur chine.

263 **Braquemont**. Margot la Critique. — Le Haut
d'un battant de porte. — Le Repos, etc. 4 p. à
l'eau-forte.

264 **Campion de Tersan**. Les petits Pâtés. 13 p.
et autres paysages à l'eau-forte. 25 p.

265 **Chenay** (Paul). Le Larmoyeur, d'ap. Scheffer.
Très-belle ép. d'artiste avec dédicace signée à
M. Foucher.

266 **Decamps**. Le Corps de garde Turc, eau-forte
originale sur Chine, ép. avant la lettre. — Les
Deux chiens, d'après lui, par Marvy et autres.
25 p., gravées et lithog. 3 p. en tout. 30 p.

267 **Delacroix** (Eug.). Faust de Gœthe, avec le
portrait. 32 lithog. originales, plusieurs avec
différences, avant la lettre ou avec changements
d'adresses d'imprimeur.

268 **Delacroix** (Eug.) Son portrait. 8. — Arabes. —
Juives. — Lionne, 3 eaux-fortes. — La Fiancée
du roi de Gabe. — Lion Dévorant un cheval. —
Jeune Tigre, etc. 15 p.; dont 7 originales.

269 — Médée, par Geoffroy. Très-belle ep. chine.

270 — Pièces gravées d'après lui, 24 p. de l'artiste et
autres.

271 — Lithog. par divers, plusieurs avec différences.
26 p.

272 — Sur bois, d'ap. ses tableaux. 14 p.

273 — Doubles gravées et lithog. 19 p.

274 **Deveria**. La Servante justifiée. — Les Contes
de Perrault, rares. 6 p. lithog.

Herluin    3  50

Chas.        Crozier 10

Hédou 10

Boyer 6.

Ducheruay  5

Lind 5

Grosj. 3 50   Liniy 10

Leis 4

Lind 2

Grosj 10   Lind 5

Barthelemi X
1 2 3 d'Orléans
Versailles

Grosj 3.50

275 **Diaz**. Lithog. originales, états différents, plusieurs rares. 15 p.

276 — Vente 1857. Douze eaux-fortes. — Vente 1858.
Onze eaux-fortes. 23 p. d'ap. lui, avec les prix
de vente.

277 — Sujets gravés d'après lui. 30 p. de différents
états.

278 — Lithog. d'ap. lui. 17 p.

279 — Doubles par et d'ap. Diaz. 72 p.

280 **Eaux-fortes** de paysages par Hoken, Molitor,
etc. 30 p.

281 — Sujets divers. — Anonymes et autres. 24 p.

282 **Flameng**. La Visite à l'accouchée. — Villon au
Cabaret de la Pomme de pin et autres. 15 p.

283 **Guérin** (Pierre). Apollon appuyé sur un Tombeau. Seule eau-forte du maître, rare.

284 **Hédouin**. Pierrot. — Le Mot d'ordre et la copie
et autres eaux-fortes, d'après divers artistes.
17 p.

285 **Huet** (Paul). Paysages à l'eau-forte. 8. p.

286 **Jacques** (Charles). Sujets à l'eau-forte. 127 p.

287 **Jouy**, 1839. Urbain Grandier, à genoux sur les
marches de l'Église, prêt à marcher au supplice.
Grande et belle eau-forte originale, d'ap. son tableau.

288 **Leroy**, 1841 (Louis). Un Sermon sur la Tem-
pérance. Assemblée de Chats. Belle eau-
forte.

289 **Lithographies** de Gavarni, Lamy, Monnier et
autres artistes modernes. 22 p.

290 **Marcks**. OEuvre de Vatteau, réduction.—Fac-simile, d'ap. Boucher et autres. 58 p., plusieurs avec différences et doubles coloriées.

291 **Marvy**. Sujets et paysages à l'eau-forte, pour *l'Artiste* et autres publications. 107 p.

292 **Nanteuil** (Célestin). Titres et autres p. à l'eau-forte et lithog. 7 p.

293 **O'Connell** (Madame). Artiste de grand mérite. La Charité, sup. eau-forte. — Chevalier Louis XIII. — Petite Tête de Femme. 4 p.

294 **Pluchart** (Henri). Le Portrait de Vatteau et diverses copies d'ap. les maîtres Both, Rembrandt, etc. 20 p. rares.

295 **Qualio**. Vues de Munich. — Monuments et Paysages à l'eau-forte. 36 p.

296 **Roehn** (Ad.). Sujets à l'eau-forte, différents états, 21 p. lithog. — Cris et Mœurs de Paris. — Le Fou. — Portraits, etc. Douze dont une pièce d'ap. lui, en tout. 33 p.

297 **Saint-Non** (Abbé de). Son portrait. — Sujets et Paysages de son voyage en Italie et d'ap. Boucher. — Le Prince. — Robert. 29 p.

298 **Thomon** (Thomas de). Ruines de Rome et Monuments antiques. 8 p.

299 **Vernet** (Carle). Son OEuvre, son portrait par H. Dupont, et en pied par son fils. — Têtes de Chevaux. — Sujets Militaires. — Les Cris de Paris. — Petits Chiens. — Petits et moyens Chevaux.—Costumes Militaires.—Grands Chevaux. — Fables de Lafontaine.—Chasses, etc. 305 p. différentes.

Lines 6 50

Lines 5

Clause

Clun.

Clun

Michel 10    Clun.

Lim  2.50

Chaul.    15
par de V. adam

300 —Doubles avec Différences.—Papier de couleur rehaussé de blanc coloriées, ou autres. 22 p.

301 — Napoléon à cheval. — Chevaux. Chasses. — Batailles. — Études de Chevaux, la plupart gravées. 75 p.

302 — (D'ap.) par Debucourt. — Anglais en habits habillés. — Militaires Écossais. — Promenade Anglaise. — Retour des Champs, 4 p. coloriées.

303 — Doubles Chevaux, etc. Lithog. 43 p.

304 **Vernet** (Horace). Mathilde et Maleck Adhel, noir et colorié. — Sujets de Chasse. — Militaires. Mohamed. — Ali Pacha, etc. 22 p., par et d'ap.

305 **Veyrassat**. Sujets à l'eau-forte, d'ap. Decamps et autres. 23 p.

306 **Lithographies**. Vues et Paysages de Michalon et autres, 55 p.

307 — Arrondissement de Caen. — Vues de Normandie. — Sceau. — Costumes, etc. 77 p.

308 — Animaux, par V. Adam. — Fielding. — Lehnert et autres. 22 p.

---

# PORTRAITS

### CLASSÉS PAR GRAVEURS

309 **Alix**. Charlotte Corday. — Lafontaine. — Mably. — Mirabeau. — Montaigne. — J. J. Rousseau. 6 p., petit in-fol. Ovales en couleur.

310 **Aubert**. Claude Gillot. — Boucher, par Car-
mona. 2 portraits de peintres. Belles ép.

311 **I. B.** Julien Mauclerc, dans un entourage d'architecture, orné de figures allégoriques, in-fol.
rare, c'est le titre de son ouvrage.

312 **Balechou**. Crébillon. — Rollin. 2 portraits à
mi-corps. In-fol.

313 **Bertin**. La Prêtresse de Vesta, d'ap. Raoux (c'est
M<sup>me</sup> Boucher en pied). Belle ép., marge.

314 **Bradel**. La Chevalière Déon de Beaumont, en
femme. Petit in-fol., marge.

315 **Carmontelle** del. et sculp. Le Baron de Bezen-
val en pied. Sup. ép., marge.

316 **Cars**. Louis-François de Bourbon Conti. In-
fol.

317 **Chenay** (Paul). Balzac. — Jeanin. 2 p., sup.
ép. d'artistes.

318 **Chéreau**. Gondrin duc d'Antin. — Le même
par Tardieu. 2 p. in-fol. Sup. ép.

319 — Geoffroy Pharmacien et de Pardaillan. 2 p.
in-fol.

320 **Choffard**. Bonaparte, I<sup>er</sup> Consul. — Médaillon
entre deux figures allégoriques. — Charmante
pièce in-8. Sup. ép. marge, de la plus grande
fraîcheur.

321 **Coypel**. La Voisin, entouré de figures allégo-
goriques. In-fol. rare.

322 **Daullé**. Coffin. — Gauffecourt. — Mercier, 3 p.
in-fol.

Sol  3

Lind  3

Delpit  4.

Delpit  4.

Michel  13    Delpit  5

Delpit  5

Ulrie—     Sol  6


Lind  2  2,5

Sol  5    R     Michel  6


Michel  8

Chem

Delpit 4    Grosj 6

Delpit 6    Lind 10    Gêres Vertaumm

Delpit 6

Sol 20

Delpit 4

Delpit 6

Delpit 10

Gant 110

323 **David** (Et.). M. l'Intendant général Dubois, en buste, petit in-fol. avec décicace. — Le Même en grand costume en pied, grand in-fol. chine. 2 superbes lithog.

324 **Demarcenay**. Jeanne d'Arc, — De Thou. 2 p. in-8.

325 **Drevet**. Boileau, in-4. — Calvairac. — Cardinal Dubois. — Forest. — Fourcy. — Marcellin Rollin. J. de Vertamon, évêque. 7 p. in-fol.

326 **Dyck** (D'ap. Van). Charles Ier, entouré de légumes. in-fol.

327 **Edelinck** (G.). Son portrait par N. Edelinck. — Hameau. — Moreri. 3 p. in-fol.

328 — Bertin. — Bignon. — Santeuil. 3 p. in-fol.

329 **Emmanuel**, 1785. Romainville, acteur en pied, d'après Lacour. Belle ép. rare.

330 **Gaucher**. Mme la comtesse Dubarry, médaillon entouré de roses. Superbes ép. in-8.

331 — Louis Auguste, dauphin de France (Louis XVI), médaillon entouré de lys et de roses. Sup. ép., marge.

332 — Fénelon, avant la lettre. — Lamoignon, Malesherbes, in-8. 2 p. Belles ép.

333 **Gaultier** (Léonard). Gabrielle d'Estrée. — Marie de Médicis. 2 p. in-8.

334 — Henri IV en buste, à cheval. 2 différents, — sur son trône, par Th. de Leu. 4 p. in-8.

335 **Grateloup** (J. B. de). Bossuet en buste ovale. Superbe ép., avant toute lettre sur chine, toute marge.

336 **Grateloup**. Bossuet en buste. Superbe ép. avec les noms d'artiste, sur chine toute marge.

337 — Bossuet en buste, avec le nom. Superbe ép. sur papier blanc, toute marge.

338 — Bossuet à mi-corps, d'ap. Rigaud. Magnifique ép. avant toute lettre sur chine, toute marge.

339 — Bossuet à mi-corps, avec la lettre. Superbe ép. sur chine avant la date, toute marge.

340 — Le Même. Superbe ép. sur chine, avant la date, toute marge.

341 — Descartes. Superbe ép. avant toute lettre sur papier de chine roux, marge. Quoique terminée, cette ép. n'a pas les travaux dans les cheveux et l'habit qui se trouvent dans le suivant.

342 — Descartes avec les noms d'artistes. Superbe ép. sur papier de chine avec des travaux dans les cheveux, des plis dans l'habit qui n'existent pas dans celui avant toute lettre. Grande marge.

343 — Descartes avec la lettre, sur papier blanc. Superbe ép., toute marge.

344 — Dryden. Superbe ép. avant toute lettre sur chine, toute marge.

345 — Dryden, avec le nom de *Grateloup* à gauche et Iᴺ DRYDEN. Superbe ép. sur papier blanc.

346 — Dryden avec Jᴺ DRYDEN, *Kneller* à gauche et *Grateloup* à droite. Magnifique ép. sur chine, toute marge.

347 — Fénelon. Superbe ép. avant toute lettre, toute marge.

Gant 70

Gant – 210

Tis. 46
   ou
Tis

Sol 50

Gant 70

Gant. 70

Gosselin Leis 36

Gères

Gout 55

**348 Grateloup**. Fénelon. Superbe ép. avec la lettre noire, toute marge.

349 — Adrienne le Couvreur. Superbe ép. avant toute lettre, marge.

350 — Montesquieu. Superbe ép. avec la lettre, toute marge.

351 — Polignac Cardinal, l'ovale seul et avec les **N** à l'envers. Magnifique ép. sur papier blanc, premier état.

352 — Polignac. Superbe ép. avec les **N** à l'endroit, l'ovale seul, sur papier blanc, deuxième état.

353 — Polignac, l'ovale entouré d'un médaillon et des traits horizontaux remplissent la planche ne laissant que deux à trois millimètres de marge blanche, avant la dédicace, troisième état. Superbe ép. papier blanc, toute marge.

354 — Polignac, avec le médaillon équarri et la dédicace, 4ᵉ état. Superbe ép. sur papier blanc.

355 — J.-B. Rousseau. Superbe ép. avec la lettre sur papier blanc, marge.

Cet OEuvre de Grateloup qui est très-rare à trouver, est de la plus grande beauté et fraîcheur.

**356 Grateloup** (J.-P.-S.) neveu. Dryden, petit ovale, avant toute lettre sur chine, marge.

357 — Dryden, avec la lettre, chine.

358 — La Jeunesse Espagnole, d'ap. Grimou, ovale sur blanc.

359 **Grateloup**. Louis XV, rond de 31 millim. Superbe ép. sur blanc.

360 — Napoléon, petit ovale avec la lettre sur chine.

361 — Pallas (inachevée), sur chine.

362 — Fleur de Pois. Très-petite pièce.

363 — Mesenguy en ovale 1810, sur chine avant toute lettre.

364 — Trois soldats, genre Callot. — Deux Petites têtes genre Rembrandt. — Petits Paysages. — Bulléens. — Calyptréens. — Auriculéens-Mélamiens. — Squalodon. 7 p.

365 — Une autre suite de 7 p. pareilles.
Ces pièces du neveu de Grateloup, sont d'une grande rareté.

366 **Grignon**. — Jean Bureau. — César de Vendôme. 2 p. in-fol.

367 **Muret**. Le Maréchal de Guebriand à cheval, au fond une bataille.

368 **Ingres**. M. de Pressigny, évêque de Saint-Malo, ambassadeur à Rome, 1816. Premier état avant les quatre vers dans la marge. Très-belle ép., eau-forte originale et la seule du maître. Très-rare.

369 **Janinet**. M^me Sainte-Huberti. — M^lle Colombe l'aînée, par Coutelier. 2 portraits in-8 en couleur.

370 **Lasne** (Michel). Doublet. — Le Masle. — Regnauldin. — René Moreau. — Richelieu. — Tremblet. — Tubeuf et autre. 8 p.

Stein, 12.

Sol 3    Ornaburg 15    Marton
                        colombic

Dulput — 10

Delput 10

Delput 4    Grosj.    1  50    Ditshf.
les 2. 15
numeros

Delput 4    Gires    Ditshf.  8

Delput 8    Lind 8

Delput 15    Laperln

Delput 5
Delput 10

Delput 10

Delput 10
Delput 15    Lind 11

Clus

371 — Bassompierre. — Charron. — Saint-Julien.—
Quesnel. — Niceron. 6 p.

372 **Lenfant.** L.-H. de Lomenie de Brienne, in-f.,
marge.

373 **Leu** (Thomas de). P. de Brach à 44 ans, entouré
de cyprès. Très-belle ép. et la reproduction mo-
derne en bois. 2 p.

374 — P. de Brach à 48 ans tenant un livre, avec la
photographie et autre portrait anonyme plus
jeune. 3 p.

375 **Lombart.** — Christine. — Comtesse de Carlile.
Comtesse Rachel Middlesex. 3 p., très-belle ép.,
deux avec marge.

376 **Lubin.** Maréchal d'Humières. In-fol.

377 **Masson.** Brisacier. — Le Nôtre. — Louis XIV.
— Pérefixe. 4 p. in-fol.

378 **Mellan.** Barclay. — Blacuodeus. — Camus. —
Faure. — Frescobald. — Gassendi. — Lamotte.
— Marolles. — Ménicucius. — Richelieu. 14 p.

379 **Moncornet.** Portraits in-8. 10 p.

380 **Morin.** Chrystin. — Henri de Guise, réduit.
2 p.

381 — Honorine de Grimberge, jeune et plus âgée.
2 p.

382 — Louis XIII. — Christophe de Thou. 2 p.

383 **Nanteuil.** Colbert. — Mazarin. — F. Molé. —
Marolles. — Menage. 5 p.

384 **Noel** (Léon), le Général... d'ap. Horace Vernet,
en pied en Afrique près de sa tente, au fond des
Arabes apportent des fusils. Superbe lithog.
grand in-fol.

385 **Nolin**. Audience du roi de Siam, portraits des ambassadeurs Siamois. 6 p.

386 **Pas**. Henri IV. In-8. Superbe ép.

387 **Perrier**. Simon Vouet. Belle eau-forte.

388 **Pesne**. N. Poussin. — Langlois de Chartres. 2 p.

389 **Petit**. Bayle. — H. Arnauld de Pomponne. — Titon du Tillet. 3 p. in-fol.

390 **Picard**. Roger de Piles. — F. de Braque. 2 p. in-fol.

391 **Pitau**. Alexandre Petau. B. de Pichon. 3 p. in-fol.

392 **Poilly**. M$^{me}$ de Lamotte-Houdancourt. In-fol.

393 **Pollet**. Portrait de M..., grand-croix de la Légion-d'Honneur, signé *Pollet, ép. d'essai*, sur chine.

394 **Quenedey** et autres. MM. Bonamy, Eti. de Joly, Langlois, Lavit, Monge et autres. 40 portraits.

395 **Ribault**. Bernardin de Saint-Pierre. In-4 avant toute lettre. — Le Même avec la boule du monde dessous 2 très-belles ép., toute marge.

396 **Rivalz** (Bart.). Ant. Rivalz. — Son épouse. 2 p., à l'eau-forte.

397 **Roullet**. Camille Letellier, abbé de Louvois. in-fol.

398 **Saint-Aubin**. Le Kain. — Montalembert et autres. 18 p.

399 **Savart**. Bayle. — Boileau. 2 p. in-8. Belles ép.

400 **Schmidt**. J.-B. Sylva, médecin. In-fol.

Delpit 3
Herluin 2    Delpit 4

Delpit 6

Delpit 4

Delpit 5

Michel 8    Delpit 3

Herluin 4.    Delpit 15

Alorg 4.

Delpit 6

Lund 1 50

Delput 6   Michel 7   Chal. 3,   Clun

Delput 5   Gère

Delput 6

Clun

Grosj 4

Delput. 6

Delput 3
Delput 2

Delput 5   Chaul. 5+2

401 **Sixdeniers**. Le Frère Philippe, d ap. Horace Vernet. Sup. ép. signé du Frère.

402 **Suyderhoef**. — Eléazar Swalmius, in-fol.

403 **Tardieu**. (L.-J.). D'Audibert de Lussan, archevèque de Bordeaux. Grand in-fol. d'ap. Restou., 1749.

404 **Trouvain**. Jouvenet. — Delafosse, par Duchange. — L. de Boulogne le père, par Surugue. 3 p. in-fol.

405 **Vallée**. La Dame au Nègre. In-fol.

406 **Vernet** (Horace). Général Foy. — Dupin, — Chambure. 3 p. lithog.

407 **Woeriot**. François Duaren, collé en plein. — Bellarmin d'Ant. Wiérix. — Canisius de Sadeler. 3 p.

---

# PORTRAITS

### CLASSÉS PAR NOMS ET PROFESSIONS

408 ***Bailly***. Levachez. — Miger. — Sergent, etc. 12 portraits différents.

409 ***Barère***, par Denon. In-fol. et autres. 3 p.

410 ***Bonneval***. Osman-Pacha (comte de). In-fol. en manière noire par Haid, in-8 par Bleyswyk. 2 p.

411 ***Corneille*** (P.), par Ficquet, par Gaucher. 2 p. in-8.

412 ***Crébillon***. In-8 par Ficquet, in-4 par Saint-Aubin. — J. de Lafontaine, par Ficquet. 3 p.

413 ***Daumas***. Général en Buste, en pied deux photog.

414 ***Descartes***, par Alix, Edelinck, Ficquet, Schenck et autres 8 p.

415 ***Espernon***. Jean Louis et Bernard de la Valette, ducs d', 5 p.

416 ***Montaigne***. In-8, par Thomas de Leu, rare.

417 — Par Ficquet. In-8. Belle ép.

418 — Par Chéreau. — Saint Aubin et autres. — Son Château et pièces historiques de sa vie. 25 p.

419 ***Montesquieu***. Par Grateloup. Belle ép. avec la lettre.

420 — In-8, par Ficquet. Belle ép., grande marge.

421 — Par Saint-Aubin et autres, son château, 30 p.

422 ***Rousseau*** (J.-B.), par Ficquet. — Cathelin rare. — Schmidt et Daullé, in-fol. 4 p.

423 ***Salmon*** (M. F. Victoire). L'Innocence reconnue. — Portraits différents et avec différence. — Scène du Tribunal. Très-rare. 4 p.

424 ***Simon*** (Pierre). Chevalier et Graveur, par Edelink et par Trouvain. 2 p. in-fol. Belles ép.

425 ***Voltaire***, par Alix, en couleur. — Cathelin, et en pied par Desmarets. 3 p.

426 ***Portraits*** d'Artistes peintres, Champagne, David, Netcher, Rigaud, etc. 16 p.

427 — Ecclésiastiques. — Papes. — Cardinaux, etc. 30 p.

Delpit 5

Géra

Delpit 6

Géra    Delpit 5

Géra    Gros 2 50.    Delpit 20
   Delpit 5
Herlain 8    Normand 15    Delpit 30
        Tout. in 8.

Géra    Delpit 5

   Delpit 5
   Delpit 15
   Michel 5




Michel 5

Delpit 10

Delpit 15

Delpit 20    Grosj 2 50

Delpit 10
Delpit 20

Delpit 10    Grosj 3 75

Delpit 1 5

Delpit 4

Delpit 10

Delpit 20

428 — Femmes célèbres. Dubarry, Marie-Antoinette et autres. 40 p.

429 — Écrivains, Littérateurs. 30 p.

430 — Rois de France. Saint Louis et autres. — François Ier. — Henri II. — François II. — Charles IX et sa femme. — Henri IV. — Marie de Médicis, etc. 44 p.

431 — Louis XIII en Pâris et sa femme en Vénus. — Louis XIV par Edelinck et autres. — Louis grand dauphin, par van Schuppen. — Louis XV, enfant et âgé. — Marie Leczinska. 24 p.

432 — Louis XVI comme dauphin, d'ap. Marillier, d'ap. Cochin, avec figures allégoriques, en manteau royal. 8 p. — Médaillons par Saint-Aubin, ses adieux à sa famille. 4 p. — Restaurateur de la Liberté en pied en couleur, et autres de l'in-8 à l'in-fol. 32 p.

433 — Les Garants de la félicité publique, allégorie. — La Naissance du Dauphin, par Borel. 2 p.

434 — Marie Antoinette comme dauphine et autre, à la Conciergerie, en pied. — Mme Elisabeth. — Le Comte et la Comtesse de Provence. — Le Comte d'Artois. 22 p.

435 — Louis XVII. — Madame Royale, duchesse d'Angoulême. — Charles X, duc de Berry, sa mort. — Cahier du Monument de victimes de Quiberon. — Journée du Jeune exilé. — Le Comte et la Comtesse de Chambord. — Le Régent. — Orléans, etc. Très-beaux portraits lithog. ép. avant la lettre. 56 p.

436 — Bonaparte à Marengo, in-4 par Châtaignier en couleur.

437 — Bonaparte, I<sup>er</sup> consul. Beau portrait in-fol. par Moret, d'ap. Appiani, in-fol. en couleur rehaussé d'or.

438 — Bonaparte général, I<sup>er</sup> consul en buste, en pied, à cheval, de l'in-8 à l'in-fol. 30 p.

439 — Napoléon empereur, en buste, en pied, à cheval, mort, de l'in-8 à l'in-fol. 60 p.

440 — Le roi de Rome. — Duc de Reichstad, enfant, en buste, en pied, mort, de l'in-8 à l'in-fol. 25 p.

441 — Personnages marquants de la Révolution française, députés, généraux, etc. 45 p.

442 — Personnages et célébrités diverses, militaires, magistrats, ministres, français et étrangers ; gravées et lithog. 240 p. 3 lots.

## COLLECTION BORDELAISE

443 **Artistes Bordelais**. Alexandre, Barincou. Portraits de Pétion d'Haïti, Chirac, Dandiran, Dauzats, Félon, Gué. 15 p. eaux-fortes lithog. et d'ap. lui. Monvoisin, Piganeau, deux dessins, Sewrin, etc. — Vues de Bordeaux. Portraits. — Sujets divers. 195 p. gravées et lithog.

444 **Alaux**. Vénus et l'Amour. — Chactas quittant la tombe d'Atala, deux dessins ; lithog. originales et pièces gravées d'ap. ses tableaux. 16 p.

Michel 3

Michel 5

Michel 15

Michel 13

D. Delpit 20

Delpit 20
chaque

Gère Michel 20 Delpit 30

Duchesnay 4

Raport. 8

Grosz  3   Michel  12

Delpit  20

445 **Bergeret** (Pierre Nolasque). Rétablissement du Culte. — Décapitation de saint Jean. — Napoléon, médaillon historique. — Homère chez Glaucus. — Conspiration de Pazzi. — Charles-Quint, sujets de l'histoire ancienne. — Études, 11 dessins originaux.

446 — Son portrait, compositions originales et pièces d'ap. les maîtres, Raphaël et autres. 40 p. Eaux-fortes originales.

447 — Lithographies originales. 12 p. plusieurs très-rares.

448 — D'après lui. — La Colonne Vendôme. 26 p. Fables de Lafontaine, 13 p. d'ap. ses tableaux, etc. 10 p.; en tout. 49 p.
L'œuvre entier. 112 p.

449 **Bonheur** (d'ap. Rosa). Animaux, lithog. et sur bois, ses différents portraits. — Photographies de Statuettes, etc. 65 p.

450 **Brascassat**. Les Moutons fuyant le loup. Eau-forte originale avec dédicace signée. — Sujets d'Animaux. 5 lithog. originales. — Animaux et vue de Bordeaux. 2 p. d'ap. lui, en tout. 8 p.

451 **Brun**. Architecte. — Les Inconcevables, charges 1797, rare. — La grande Charretière et Richefort, dessin et gravure. Charges. — Sujets Militaires et autres. 20 p. gravées et lithog.

452 **Drouyn**. (Léo). Architecture Religieuse du département de la Gironde, à l'eau-forte et texte, et autres pièces gravées et lithog. (Son œuvre). 100 p.

453 **Galard.** (Gustave comte de). Son OEuvre gravé et lithog. — Portraits, petits et grandeur naturelle. — Archevêques. — Princes. — Acteurs. — Vues de Bordeaux. — Costumes. — Mœurs. — Monuments, etc., etc. 102 p.

454 **Lacour** (Pierre) ou de Lacour père et fils. — Portraits. — Sujets — Paysages. — Médailles. — Antiquités Bordelaises. — Sujets Historiques du comte d'Estaing, eaux-fortes et gravures terminées. 48 p. — Etudes de Dessins. — *Mon portefeuille.* — Antiquités, etc. 99 p. lithog., en tout. 148 p.

455 **Pallière** (Jean). M^me Crétu, actrice, dessin original à la mine de plomb, et la gravure in-4. 2 p.

456 — Théodore Dauberval, danseuse, in-8. 2 ép. superbes seront divisées.

457 — Lagrange Chancel, in-8. Rare.

458 — Et l'Azard donc. — Scène de Jeannot, en couleur rare.

459 — 3 p. d'ap. Boissieu. — Apothéose de Maria I^er, reine du Brésil, etc. environ 15 p.

460 PALLIÈRE (Etienne). Adieu Bergère chérie, 2 dessins au crayon noir en pendant. 1795-1800.

461 — Apothéose de Washington et étude du portrait, 2 dessins, crayon noir.

462 **Pallière** (Armand Julien), fut peintre de l'empereur du Brésil. — Saints. — Fêtes au Brésil, etc. — Têtes gravées. — Costumes. — Sujets. — Paysages. Lithog. et dessins, en tout. 64 p.

Gör... les Archevêques    Michel 52    Delprit 20
    Seulement

Michel 20    Delprit 30

Michel 8

Michel 6    Delprit 3
Michel 8

Michel 6

Delpit  5

Delpit  20  Michel 12

Delpit 10
Chaque

Delpit 10    Bourg.a 2/50
             2 p. seulement

Delpit 10    Bourg.a 2/50
             2 pièces étaing

463 **Pallière** (Léon). Son portrait par Picot. — M. Tier peintre en 1806, ami de Gérard, a posé pour l'Amour et Psyché, dessin au crayon noir. — L'Amour et le Temps, lithog. 3 p.

464 **Philippe** (Jules). Portraits. — Vues de la Guyenne monumentale, etc. 69 p. lithog.

465 **Philippe** (Victor). Eaux-fortes et lithog. 15 p.

466 Portraits par Emile Lassale, Lassouquère, Mousquet et autres. — Acteurs. — Personnages nés et qui ont illustré le pays, etc. ou publiés à Bordeaux. 85 p.

467 **Vues** de Bordeaux, des environs et du département de la Gironde. — Monuments. — Antiquités et objets se rapportant au pays, gravées et lithog. — Cartes. — Plans, etc. 255 p. **2 lots.**

468 — La Guyenne monumentale. 68 p.

469 Pièces historiques sur le comte d'Estaing. — La duchesse d'Angoulême à Bordeaux. — Costumes. — Blaye, etc. 22 p.

470 — Très-grandes pièces en l'honneur du comte d'Estaing. — Dessins originaux, gravures avant et avec la lettre. — Statue de Louis XV, de Lemoine. Plafond. — Carte. Pont, etc. 14 p. grand in-fol.

471 **Antiquités Égyptiennes.** Aquarelles de figures. — Des Temples. — Tombeaux. — Vases. — Meubles. — Métiers, etc. environ 120 p. — Empreintes, dessins à la plume, au crayon, croquis. sur papier végétal et autre. 470 p. en tout, 590 pièces de la plus grande curiosité pour l'histoire égyptienne, contenus dans un portefeuille de voyage.

472 — Souvenirs d'Anvers. — De Crimée. — Affi-
ches des Bals et Théâtres de la Tchernaya. —
Sébastopol illustrées. — Cartes, etc. 80 p.

473 — Ornements. — Médailles. — Amoiries. —
Caricatures de Beaumont. — Cham. — Le Petit
Figaro, etc. 95 p.

474 — Sujets sur bois découpés de journaux. 170 p.

475 — Portefeuilles de la collection.

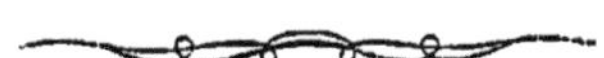

Delpit 6    Chesnes

# LISTE
# DES CATALOGUES

DES VENTES PUBLIQUES

FAITES

## Par M. VIGNÈRES

MARCHAND D'ESTAMPES ANCIENNES

Avec le ministère de M<sup>e</sup> DELBERGUE-CORMONT, Commissaire-Priseur

1. **1853**. 12, 13 décembre. Cabinet de M. H. (*Ch. Hervey*). Catalogue d'une curieuse collection de **Portraits**, tant anciens que modernes d'ARTISTES DRAMATIQUES français et anglais, dessinés d'après nature, Miniatures, Pastels, Dessins sur vélin, etc. 19 pages.　　Total : 4,444 fr. 25 c.

2. **1854**. 16 janvier. Catalogue d'une collection d'**Estampes** anciennes et modernes, dont une réunion de très-belles épreuves de gravures anglaises et allemandes modernes. 20 pages.

3. — 9 février. Not. d'une collect. d'**Estampes** anciennes et modernes et Dessins de différentes écoles. 15 pages.　　Total : 1,152 fr.

4. — 10 mars. Not. d'une collect. d'**Estampes** anciennes et modernes, belles Gravures anglaises et Dessins sous verres. 8 pages. Frais 16 1/2 p. 100.　　Total : 1,087 fr. 50 c.

5. **1854**. 13, 14, 15, 16 mars. (Collection de feu M. de Vriesse). Catalogue d'une belle collection d'**Estampes** anciennes, Eaux-fortes et **Dessins** des écoles française, flamande, hollandaise et autres provenant de l'étranger (G. I.). 39 pages.      Total : 4,206 fr. 25 c.

6. — 4, 5, 6 mai. Catalogue de la collection d'**Estampes** des écoles italienne, flamande et française anciennes et modernes, Eaux-fortes et Lithographies, Dessins, provenant du cabinet de M. L. B...., artiste peintre. 31 pages.
     Total : 3,704 fr. 25 c.
Maîtres anonymes, Périssin et Tortorel, Géricault, etc.

7. — 4, 5, 6 mai, le soir à 7 heures. Notice de la portion d'Estampes anciennes et Dessins faisant partie du fonds de *M. Fontaine*, marchand d'estampes, après décès.      Total : 1,574 fr. 50 c.

8. — 13 juin. Vente rue Vieille-du-Temple, 76, après décès de M. L. D. Gravures, M° Petit.

9. — 15 décembre. Notice d'**Estampes**, Gravures et Lithographies par lots.

10. — 22 décembre. Notice d'**Estampes**, Gravures et Lithographies, ouvrages en nombre, planches de cuivre et pierres lithographiées, provenant du fonds de *M. Letouzé*, éditeur, marchand d'estampes (M° Daupeley).      Total : 3,884 fr. 75 c.

11. — 27, 28, 29 décembre. Catalogue d'**Estampes** anciennes et modernes de diverses écoles. Rédigé par M. Delande. 38 pages.
Descriptions de maîtres anciens et de maîtres anonymes.

12. **1855.** 24 février. Notice d'**Estampes**, Gravures anglaises et françaises, très-belles Lithographies en couleur, etc. Gravures anciennes en lots. 8 pages.     Total : 1,140 fr. 25 c.

13. — 28 février. Notice de Tableaux, Dessins, Estampes encadrées et en feuilles, Planches gravées, dépendant de la succession de *M. Jean-Baptiste* DIEN, graveur (Mᵉ Petit et Mᵉ Scellier).

14. — 5, 6, 7, 8, 9, 10 mars. Catalogue de la curieuse et intéressante collection composant le cabinet de feu M. le BARON CHARLES **DE VEZE.** Tableaux et Dessins de diverses écoles et **Estampes** des écoles italienne, allemande, flamande et hollandaise, et principalement école française XVIIIᵉ siècle avec notice et portrait de M. le Baron Ch. de Veze. (Prix : 3 fr.)
Total : 27,048 fr.

Catalogue descriptif très-curieux pour les œuvres détaillées des maîtres et pièces décrites, les Tiepolo, l'œuvre de Van Dyck avec les états différents par Ch. Le Blanc, les œuvres de Jordaens, Rubens ; les Amateurs de l'école française, Carmontelle, Foulquier, Lalive de Jully, Madame de Pompadour, Ch.-H. Watelet, Marguerite Le Comte, le chevalier Wieilh de Varennes et tant d'autres. Les œuvres des maîtres français : A. Bosse, Boucher, Chardin, Demarne, Fragonard, œuvre de Gillot du cabinet Bachaumont, Hillemacher, Lancret, Loutherbourg, Moreau, Pater, Pierre, Rivalz, Roqueplan. etc., l'œuvre de Watteau, le plus complet jusqu'à ce jour. Ouvrages à figures, Portraits, Costumes, etc. 244 pages.

14. *bis* — 22 mars. Catalogue d'**Autographes** faisant partie de la bibliothèque de feu *M. le Baron Charles* DE VEZE. 13 pages.
Total : 476 fr. 25 c.

— 4 —

15. **1855**. 31 mars. Notice d'**Estampes** anglaises
etfrançaises, belles Lithographies en noir et en
couleur, Gravures anciennes en lots, Ouvrages
à figures, etc. 8 pages.      Total : 867 fr. 75 c.

16. — 25 avril. Notice d'**Estampes** anciennes et
modernes, Gravures et Lithographies en noir et
en couleur en lots. 7 pages.

17. — 25, 26 mai. Catalogue d'**Estampes** anciennes et nouvelles, Dessins, Tableaux, Médailles et de quelques Objets d'art et de curiosité
provenant du cabinet de feu *M. Duchesne aîné*,
conservateur des Estampes de la Bibliothèque
impériale. 16 pages (M° Charpentier).

18. — 29, 30, 31 mai. Catalogue d'**Estampes** anciennes et modernes des écoles étrangères,
école française du XVIII° siècle et beaux Dessins.
42 pages. Frais 17 p. 100. Total : 5,475 fr. 25 c.
Collection intéressante.

19. — 5, 6, 7 novembre. Notice d'**Estampes**, Gravures et Lithographies en noir et en couleur,
encadrées et en feuilles, Tableaux, Gouaches,
Études peintes, Album, Recueil formant le res-
tant du fonds de feu *M. Fontaine*, ancien marchand d'Estampes.

---

Sera continuée jusqu'au numéro 100.

Les Amateurs qui la désirent, peuvent souscrire pour 1 fr.,
chez VIGNÈRES, rue de la Monnaie, 13, à Paris.

RENOU ET MAULDE, imprimeurs de la Compagnie des Commissaires-Priseurs,
rue de Rivoli, 144.          28228

14

Polignac.

Existe-t-il un État de ce portrait avec la lettre N renversée et formée ainsi И, avec les tailles du fond et le cadre gravé à la pointe sèche qui entoure le portrait ? — Non

Je ne me rappelle qu'un État où l'N soit renversée. La figure dans l'ovale à fond noir est placée sur un fond presque blanc, sans tailles et sans cadre autour du portrait.

Fénelon.

Existe-t-il un État du Fénelon avant toute lettre et avant le fond marbré ? — Non

Existe-t-il un autre état avec les noms des personnages et des artistes, mais avec la lettre grise au moins pour les lettres J. V N du nom de Vinius et les lettres LOUP S du nom de Grateloup ?

Montesquieu

Existe-t-il un État du Montesquieu avant toute lettre ? Non

Adrienne Lecouvreur.

Existe-t-il un État d'Adrienne Lecouvreur

avec les noms des artistes: Ch. Coypel p. — J. 33.
Gratelous sc. et dans la roue de Cornélie
gravé? ⸱ Non
Épitte d'il un autre État avec les noms des
artistes: Ch. Coypel p. — J. B. Gratelous sc. et
avec le nom de Cornélie? Non
Je ne connais Cornélie qu'avant toute lettre.

Descartes.

Épitte d'il un État de Descartes avant
toute lettre, c'est à dire dans la roue des ar-
-tistes et dans celui du personnage? oui

~~Bossuet en buste~~.

~~Épitte d'il un État avant toute lettre? c'est~~
~~à dire dans les noms des artistes et dans~~
~~le nom du personnage? oui~~
~~Je ne connais par le Bossuet en buste de~~
~~cet État.~~

Dâtes des Gravures de J. B. Grateloup. —

1°. portrait — Polignac. Comm.é le 30. avril. 1765.
2° .. id — Dryden — aoust — 1765.
3° . id — J. B. Rousseau . Mars — 1766.
4° .. id — fénélon — mai — 1767.
5° . id — montesquieu — juill.t — 1768.
6° . id — Corneille — 1767 — 1768
7°. id — Descartes — mars . 1769.
8° . id — Bossuet en buste — 1769 — 1770
9°. — id . (et dernier) Bossuet en pied — fév. 1771 jusq. la fin de sept.)

_____________

pour Mons.r le Canchois féraud —
7. mai 1865 —

Suivant Mr Georges Duplessis (Archiviste de l'art Français. Tome 3) ... 207. Grateloup aurait gravé d'après ... pied de Bossuet ... mais avec cette différence que l'... serait 127mm de h. sur 91mm de largeur, tandis que l'... serait seulement 111mm de h. sur 85mm de largeur ... très célèbre. ——

277  28.29 8bre 1869

## Vente Le Cauchois Ferrand

| N° | | Acheteur | Prix |
|---|---|---|---|
| 1 | Aldegrever | Lind | 3 |
| 3 | Beham | Soleil | 12 |
| 16 | Schmidt | Soleil | 17 |
| 28 | Sherwin | Michel | 3 |
| 29 | Solis | Ditchfield | 10 |
| 31 | Lemire | Michel | 9 |
| 35 | Bartolozzi | Michel | 3 50 |
| 36 | Camayeux | Drugulin | 11 50 |
| 39 | De | Des Chenay | 3 50 |
| 54 | Rosa | Hedou | 3 |
| 57 | Wier | Michulos | 6 |
| 66 | Carquois | Dreusy | 20 |
| 70 | Bergeret Lafontaine | Des Chenay | 25 50 |
| 77 | Bosse | Michel | 15 |
| 83 | Brebiette | | 10 50 |
| 84 | Brichet | Michel | 9 |
| 86 | Medicis | Ditchfield | 40 |
| 87 | Combat | Ditchfield | 2 |
| 88 | Callot | Grosjean | 30 |
| 91 | Caylus naufrage Watteau | | 2 50 |
| 92 | Challe | Michel | 2 |
| 94 | Choffard Bordeau | Michulos | 5 |
| 97 | Collignon | Grosjean | 7 |
| 99 | Copia | Michel | 12 |
| 102 | Coypel | Michel | 5 |
| 103 | Coypel | Grosjean | 3 25 |
| 109 | Daven | | 1 |
| 110 | Debucourt | Michel | 12 |
| 113 | Demarne | Lismig | 20 |
| 116 | Denon 10p. | | 3 |
| 129 | Frag. Armoire | Michel | 23 |
| 135 | Cour. de Voltaire | Ditchfield | 6 |
| 138 | Gois Caudyu | Garcin | 6 |
| 139 | Goya | Laperlier | 8 |

349 25

| N° | | Acheteur | Prix |
|---|---|---|---|
| 142 | Isabelle actuel | Crozat | 8 |
| 143 | 6 goya | Laperlier | 24 |
| 144 | Lauronaguca | Laperlier | 41 |
| 147 | Gobelin | Herluison | 5 |
| 150 | Helman | Michel | 5 |
| 156 | Lacour | Ollivier | 6 50 |
| 157 | Lafage | | 2 25 |
| 158 | Lafage | | 6 50 |
| 163 | Lancret | Michel | 6 50 |
| 168 | Leclerc | Grosjean | 21 |
| 171 | Lemire | Dreusy | 6 |
| 172 | LePrince | Michel | 9 |
| 185 | Massard | Michel | 14 |
| 188 | Mellan | Laperlier | 37 |
| 192 | Moret | B. | 5 |
| 201 | Gueridon | Michulos | 5 |
| 210 | Prudhon | Michel | 7 |
| 211 | Queverdo | Michel | 11 |
| 213 | Regnesson | Giveler | 4 |
| 216 | Roleen | Laperlier | 4 |
| 225 | Subleyras | Teisseire | 5 50 |
| 226 | Surugue lefils | Michulos | 7 |
| 230 | Watteau Cp. | Meltgenn | 15 |
| 232 | Schmidt Watteau | Drugulin | 6 |
| 235 | Verdier | Hedou | 6 |
| 236 | J. Verne | Cluseno | 6 |
| 237 | — Portraits | Cluseno | 4 25 |
| 238 | — 13p. | Cluseno | 12 |
| 239 | — Ports | Cluseno | 40 |
| 246 | 2.F. | Grosjean | 6 |
| 264 | Campion | Herluison | 1 50 |
| 266 | Decamps | Cluseno | 14 50 |
| 274 | Deveria | Des Chenay | 2 |
| 280 | E.fort | Lind | 5 |
| 283 | Guerin | Teisseire | 4 |

711 75

7 : : 75

| N° | | | |
|---|---|---|---|
| 288 | Leroy | Barthelemy | 5 |
| 295 | Qualio | Lino | 2 |
| 299 | C. Kerner œuvre | Cluseret | 145 |
| 300 | Doubles | Cluseret | 9 50 |
| 301 | 75 p. | Cluseret | 75 |
| 302 | d'ap. | Cluseret | 30 |
| 315 | Carmontelle | Michelot | 6 |
| 323 | David, Dubus | Cluseret | 6 |
| 333 | Gaultier | Delpit | 6 50 |
| 378 | Mellan | Laperlier | 38 |
| 380 | Morin | Delpit | 10 |
| 384 | Noel Raudon | Cluseret | 2 |
| 387 | Voue | Delpit | 2 |
| 388 | Passe | Delpit | 3 |
| 389 | Petit | Delpit | 6 50 |
| 390 | Picard | Delpit | 4 |
| 391 | Pitau | Delpit | 3 |
| 393 | Pallu. M. D'Hericourt | | 1 |
| 401 | Freu Philippe | Cluseret | 7 50 |
| 403 | | Delpit | 3 |
| 404 | Crouvain | Delpit | 5 50 |
| 410 | Bonneval | Delpit | 2 50 |
| 411 | Corneille | Chaulos | 7 |
| 413 | Daumas | Geres | 1 |
| 414 | Descartes | Delpit | 5 |
| 415 | Espernon | Geres | 6 |
| 418 | Montaigne | Delpit | 30 |
| 420 | Montesquieu | Delpit | 9 |
| 421 | — | Delpit | 10 |
| 427 | Ecclesiastique | Delpit | 10 |
| 433 | Garants | Delpit | 2 |
| 435 | Louis XVII | Delpit | 24 |
| 439 | Napoleon | Michelot | 13 |
| 440 | Nap. II. | Combrouse | 11 |
| 441 | eval. | Delpit | 15 |
| 442 | 100 f | Delpit | 17 |

1238 75

1238 75

| N° | | | |
|---|---|---|---|
| 442 | 140 | | 27 |
| 443 | art. Bordelais | Delpit | 26 |
| 452 | Drouyn | Delpit | 14 |
| 453 | Galard | Michelot | 27 |
| 454 | Lacour | Delpit | 29 |
| 455 | Pallieu | | 12 50 |
| 457 | Lng. chancel | Michelot | 5 |
| 458 | at Lazard | Michelot | 7 |
| 461 | Washington | | 6 |
| 466 | Portrait 85. | Delpit | 25 |
| 467 | Vue du Bordeaux | Delpit | 12 |
| | 255 | | |
| 4 | portefeuille | | 4 75 |
| 5 | portef | | 2 75 |

1439 75

1553 50